Que a Paz e a Felicidade Prevaleçam

Discurso de encerramento
pronunciado por
Sri Mata Amritanandamayi
durante a Sessão Plenária Final do
Parlamento das Religiões do Mundo
Barcelona, Espanha,
13 de julho de 2004

Mata Amritanandamayi Center, San Ramon
Kalifornia, Estados Unidos

Que a Paz e a Felicidade Prevaleçam

Publicado por:
  Mata Amritanandamayi Center
  P.O. Box 613
  San Ramon, CA 94583
  Estados Unidos

—— *May Peace and Happiness Prevail (Portuguese)* ——

Copyright © 2004 de Mata Amritanandamayi Mission Trust, Amritapuri, Kollam, Kerala 690546, Índia

Todos os direitos reservados. Nenhuma parte desta publicação pode ser armazenada em banco de dados com sistema de recuperação, transmitida, reproduzida, transcrita ou traduzida em nenhuma língua, de nenhuma, forma por nenhuma editora.

Primeira edição por MA Centro: abril 2016

No Brasil: www.ammabrasil.org
Em Portugal: www.ammaportugal.org
Em Índia:
  inform@amritapuri.org
  www.amritapuri.org

Conteúdo

Prólogo 5
  por Federico Mayor Zaragoza
  Ex-Secretário Geral da UNESCO e
  Presidente da Fundação
  "Cultura de Paz", Madri, Espanha

Introdução 9
  por Swami Amritaswarupananda Puri

Discurso de Encerramento 19
  por Sri Mata Amritanandamayi

Prólogo

Juntos, com uma imensa prece, podemos mudar o curso dos atuais eventos. Cada ser humano, único e criativo, é a nossa esperança. Amma nos adverte: "Em nossa pressa, ente humana." Como no verso do grande escritor americano Archibald McLeish, com o qual se inicia o esplêndido preâmbulo da luminosa Constituição da UNESCO: "Como a guerra nasce da mente dos seres humanos, é na mente dos seres humanos que precisamos erguer o castelo da paz."

A verdadeira educação libera e nos permite agir de acordo com nossas próprias decisões, sem seguir os ditames de ninguém. A mídia, tão útil, também pode, por sua onipresença e por seu poder de atração, converter-nos em espectadores passivos, tornando-nos todos iguais e dóceis diante do que oferece, fazendo-nos ceder às suas recomendações interesseiras. É essencial termos tempo para pensar, sentir, escutar, conhecer os outros e, finalmente, conhecer-nos a nós mesmos – o que é muito difícil.

Como disse a Amma no Parlamento das Religiões Mundiais: "Além da compreensão do mundo exterior, é essencial que conheçamos nosso mundo interior". Ela acrescentou: "O amor e a compaixão são a própria essência das religiões... o amor não tem limitações como religião, raça, nacionalidade ou casta."

Para erradicar a pobreza, aliviar ou, de alguma forma, acabar com o sofrimento, é necessário dar –e dar de si mesmo. Dar tudo aquilo que pudermos, mas acima de tudo, nosso tempo, nosso conhecimento, nossa fraternidade.

A pobreza material de muitas pessoas resulta da pobreza espiritual dos que poderiam haver-lhes aliviado a carga. Deve-se enfatizar urgentemente que esse é o resultado de uma cultura de força, de imposição e de dominação. Também resulta de pessoas e de instituições que permanecem em silêncio, em vez de expressarem livremente seus protestos e propostas.

Chegou o momento de uma cultura de diálogo, de acordo mútuo, de compreensão. Chegou o momento da cultura da paz, da mão estendida, das vozes unidas. Finalmente,

Prólogo

chegou o século do povo! Finalmente, todos diferentes, porém unidos! Assim começará um novo passo na história da humanidade.

Amma pede que trabalhemos em favor do próximo, dos mais necessitados. Espero que a sua prece seja respondida: "Que a árvore da vida esteja firmemente enraizada no solo do amor."

Federico Mayor Zaragoza
Ex-Secretário Geral da UNESCO
Presidente da "Fundación Cultura de Paz"
(Fundação Cultura de Paz)
Madri, Espanha

Agosto de 2004

Introdução

Hoje em dia, freqüentemente associamos conceitos como diversidade e diferenças de religião e cultura com conflito, guerra e terrorismo. O mundo mudou desde o dia 11 de setembro de 2001; nossa consciência coletiva encheu-se de medo, desconfiança e até de hostilidade contra quem é diferente de nós. Neste momento da história, um encontro internacional de religiões talvez seja mais necessário do que nunca. O mundo está ansiando por uma voz que nos inspire a nos unir em paz. No Parlamento das Religiões Mundiais de 2004, em Barcelona, essa voz foi a voz da Amma. A sabedoria universal e atemporal de Suas palavras nos toca com uma vibração extraordinária, nestes tempos críticos.

Quando a Amma subiu ao palco, o público a saudou de pé. Um repórter disse: "Sua personalidade é tal que sentimos uma atração espontânea. Fica claro que Ela é diferente e única, diferente de outros mestres espirituais." O salão estava lotado, com pessoas em pé nas passagens e nos corredores. Podia-se sentir o ar permeado de profunda reverência e exaltação. Amma faria o discurso principal durante a sessão plenária de encerramento do parlamento de sete dias. Seu tema era "Caminhos para a Paz – A Sabedoria de Escutar, o Poder de Comprometer-se".

Qual ensinamento esse ser espiritual notável ofereceria na ocasião? Como poderia sintetizar a essência de centenas de palestras, conversas e simpósios apresentados durante o evento em uma única mensagem integrada e unificadora? Quando falou, vieram as respostas. Os verdadeiros problemas que enfrentamos hoje, e as formas de resolvê-los, foram expostos um a um. A Amma foi capaz de unir todas as mensagens, ensinamentos e caminhos em um, como é o papel de um verdadeiro mestre espiritual. Como sempre, Suas palavras foram simples, mas penetrantes. Expressando princípios espirituais profundos, a palestra da Amma envolveu histórias cativantes, exemplos práticos e belas analogias. Ela conseguiu atingir praticamente todas as áreas da vida em uma palestra breve, porém poderosa.

Introdução

O discurso começa explicando como lidar com os talentos que Deus nos concede. Podemos atingir verdadeira paz e contentamento se aumentarmos nosso poder espiritual nato e não apenas o poder em suas modalidades materiais. Em vez de meramente culpar a religião pela perpétua frustração que a humanidade enfrenta em sua busca pela felicidade, Amma oferece uma visão renovada da religião e da espiritualidade, muito necessária no mundo de hoje. Exortando a todos a verem e compreenderem a essência da religião de uma perspectiva espiritual, Amma nos lembra: "Onde existe a verdadeira experiência espiritual, não há divisão –somente união e amor."

Em Sua advertência contra a intolerância espiritual, Amma observa: "O problema surge quando dizemos: 'Nossa religião é a correta, a sua está errada!' Isso é como dizer: 'Minha mãe é boa, a sua é uma vagabunda!'" Mas Ela também aponta uma solução: "O amor é a única religião que pode ajudar a humanidade a subir às grandes e gloriosas alturas. E o amor deve ser o fio único no qual todas as religiões e filosofias são unidas." Ela continua, dizendo que para despertar a união e disseminar o amor temos que respeitar a diversidade e escutar os outros com o coração aberto.

Amma também aborda maravilhosamente o assunto da guerra, advogando o redirecionamento do dinheiro e do esforço gastos na guerra em proveito da paz mundial e sugerindo que isso "pode definitivamente criar a paz e a harmonia neste mundo." Aqui, novamente, Ela ressalta que a chave para superar os inimigos internos e externos não é a coerção física ou ideológica, mas a espiritualidade.

Amma dá uma nova definição da pobreza, que é outro dos dilemas globais atuais. Ela divide a pobreza em dois tipos, física e espiritual, e nos insta a dar prioridade à última, pois somente assim conseguiremos uma solução duradoura para ambas.

Os ensinamentos da Amma sempre nos transportam para além de nossos desejos e diferenças pessoais, levando-nos a vivenciar a unidade subjacente da humanidade. Em Barcelona, novamente Ela enfatiza essa mensagem

Introdução

de unidade no final de Seu discurso. Contando uma história comovedora sobre um arco-íris, Amma ilustra como a diversidade e a união podem coexistir, se adquirirmos a sabedoria de encontrar nossa própria felicidade ao fazer os outros felizes.

Amma diz freqüentemente que servir aos pobres é nosso dever supremo a Deus. Ao concluir seu discurso, Ela clama por um compromisso claro de Seus filhos, dizendo: "Devemos nos comprometer a trabalhar meia hora a mais por dia em prol dos que sofrem –este é o pedido da Amma." Quem seria mais qualificado para falar da importância e da beleza do serviço abnegado? Tais palavras adquirem uma capacidade de persuasão totalmente diferente quando vêm de alguém que, com tanta maestria, esculpiu Sua vida de forma que fosse uma imagem de Seus próprios ensinamentos.

O discurso da Amma foi seguido de um estrondoso aplauso com todo o público de pé.

Naquela noite, apesar de não fazer parte do programa original (de fato, o Parlamento tinha terminado) Amma deu *darshan*[1]. Uma enorme multidão de admiradores e uma série de autoridades e delegados da conferência vieram receber Sua bênção.

O darshan ocorreu em uma tenda com vista para o Mar Mediterrâneo. A tenda tinha sido erguida pela comunidade Sikh para alimentar os delegados do Parlamento. Amma chegou à tenda pouco depois de deixar o Parlamento e, sem cerimônia, foi se sentar em uma cadeira que havia sido colocada minutos antes (já que ninguém sabia com certeza que Ela daria darshan). Sem preâmbulos, Amma começou a receber as pessoas de Sua forma única, abraçando a todos. Minutos depois, apesar de não haver equipamento de som, os presentes começaram a cantar bhajans. O darshan, que foi até tarde da noite, pareceu uma manifestação do apelo feito pelo discurso da Amma poucas horas: pessoas de toda a Europa, de todo o mundo e de diferentes religiões, todas juntas na experiência

---

[1] Darshan é o nome dado à presença de um santo ou deidade. No caso, diz-se que a Amma deu darshan quando distribuiu seus abraços tão queridos.

Introdução

do amor. A diversidade se converteu em união – a base da paz.

Durante a noite, o líder Sikh e seus seguidores vieram homenagear a Amma. Com palavras de reverência e de boas vindas, o líder pegou pétalas de uma vasilha com as duas mãos e, de forma exuberante, jogou-as na Amma. Ela respondeu pegando as pétalas e lançando de volta nele e em seus seguidores.

Depois, nada menos que um milagre ocorreu. Amma ficou preocupada porque as pessoas tinham estado com Ela por tantas horas e ninguém havia comido. Os Sikhs ofereceram o que tinha sobrado: comida suficiente para talvez 150 refeições. Quando o darshan terminou, Amma foi diretamente às mesas e começou a servir Seus filhos. De vez em quando, ajustava as porções de um ou outro item, calculando precisamente para garantir que todos tivessem comida -e conseguiu: no final, todos tinham recebido uma ampla refeição, todas as panelas estavam limpas e não houve desperdício. Como a comida feita para 150 pessoas alimentou mais de mil, sem deixar ninguém com fome, é inexplicável.

Poucas horas depois de acabar o darshan e alimentar Seus filhos, Amma estava novamente no aeroporto, menos de vinte e quatro horas após sua chegada. O parlamento ocorreu enquanto Amma estava em sua turnê anual nos EUA. Ela saiu no final do seu programa de Chicago, fez o discurso e o darshan espontâneo em Barcelona e voltou aos Estados Unidos a tempo para seu próximo programa, em Washington D.C.

Barcelona montou mais um palco para a mensagem interminável de Amor da Amma. De fato, o amor conquista tudo. Que nós também possamos abrir nossos corações e entregar-nos a esse Amor. As palavras de um Mahatma (grande alma) são como sementes lançadas no solo de nossos corações. Se o solo for receptivo e nutrir as sementes, elas podem produzir grandes árvores, dando frutos e sombra a muitos necessitados. Que as palavras da Amma germinem e cresçam em nossos corações, tornando nossas vidas frutíferas e benéficas para o mundo.

Introdução

Ao concluir essas palavras, permitam-me relembrar uma citação de um artigo que apareceu em um dos principais jornais espanhóis, El Periódico: "Para os que buscam sucesso na vida, Amma é o guia."

Sim, Ela verdadeiramente nos guia para o sucesso absoluto, que é o de superar todas as fraquezas da mente, realizar nosso potencial pleno e eventualmente atingir a paz e a tranqüilidade em todas as circunstâncias da vida.

Swami Amritaswarupananda
Vice-Diretor
Mata Amritanandamayi Math
Amritapuri

Que a Paz e a Felicidade Prevaleçam

Discurso de encerramento pronunciado por
Sri Mata Amritanandamayi
durante a Sessão Plenária Final do
Parlamento das Religiões do Mundo
Barcelona, Espanha,
13 de julho de 2004

Amma faz uma reverência a todos, que são de fato a personificação do puro amor e da Suprema Consciência. São indescritíveis o esforço e o sacrifício das pessoas que foram capazes de organizar este evento tão grandioso. Amma simplesmente se prostra diante de tamanho altruísmo.

As habilidades que Deus nos deu são um tesouro destinado a nós e a toda a humanidade.

Essa riqueza nunca deve ser mal utilizada e transformada em um peso para nós e para o mundo. A maior tragédia na vida não é a morte. É deixar que nosso grande potencial, talentos e capacidades permaneçam subutilizados, permitindo que eles se enferrujem enquanto vivemos. Quando usamos a riqueza da natureza, ela diminui, mas quando usamos a riqueza que temos dentro de nós, ela aumenta.

Será que estamos realmente utilizando nossas habilidades? Qual sempre foi a meta da humanidade? O que nós, humanos, queremos alcançar? Não tem sido nosso objetivo conquistar o máximo de felicidade e contentamento possíveis, tanto em nossas vidas pessoais quanto na sociedade como um todo? Mas, onde estamos neste momento? A maioria de nós pula de um erro para outro, o que só faz as coisas piorarem.

Todos os países têm tentado incrementar seus poderes políticos, militares, bélicos, econômicos, científicos e tecnológicos. Haverá ainda alguma área inexplorada? Estamos todos sumamente concentrados nestas coisas. Depois

Discurso por Sri Mata Amritanandamayi

de tanto tempo usando estes métodos, será que conseguimos conquistar alguma paz ou contentamento verdadeiro? A resposta é não. O tempo provou que esses métodos, por si sós, não podem garantir nosso contentamento. Só atingiremos a paz e o contentamento quando o poder espiritual, com o qual nunca fizemos experiências, puder se desenvolver junto com todas essas áreas.

Na verdade, só existe uma diferença entre os habitantes de países ricos e pobres: enquanto uns choram dentro de quartos com ar condicionado e em suntuosas mansões, outros choram sobre o chão de terra de seus casebres. Uma coisa está clara: as pessoas que tinham esperanças de sorrir e ser felizes, hoje derramam lágrimas, em muitas partes do mundo. O sofrimento e a tristeza têm se tornado características de muitos países. Não faz sentido colocar a culpa disso na religião. Uma importante causa desses problemas foi a forma como as pessoas *interpretaram* a religião e a espiritualidade.

Hoje em dia, procuramos externamente as causas e soluções para todos os problemas do mundo. Em nossa pressa, esquecemos a maior verdade de todas - que a fonte de nossos problemas se encontra dentro da mente humana. Esquecemos que o mundo só pode ficar bom se a mente do indivíduo se tornar boa. Portanto, além do mundo exterior, é essencial que também conheçamos o mundo interior.

Certa vez, houve a inauguração de um novo supercomputador. Depois da festa, os participantes tiveram permissão de fazer qualquer pergunta que desejassem ao supercomputador, que lhes responderia em questão de segundos. As pessoas se esforçaram para elaborar questões intrincadas sobre ciência, história, geografia e assim por diante. Assim que a pergunta era feita, a resposta aparecia na tela do computador. Então, chegou a vez de uma criança, que fez um pergunta bem simples: "Oi, supercomputador! Como vai você?" Só que, dessa vez, não houve resposta. A tela permaneceu vazia! O computador sabia responder perguntas sobre qualquer coisa, menos sobre si mesmo.

Muitos de nós vivemos de maneira semelhante a esse computador. Junto com a compreensão do mundo exterior, temos que desenvolver o conhecimento de nosso mundo interior.

Quando o telefone quebra, chamamos a companhia telefônica. Quando a televisão a cabo não recebe a programação, a empresa prestadora do serviço nos ajuda a resolver o problema. Quando a conexão com a Internet é interrompida, um técnico de informática vem nos ajudar. Da mesma forma, a espiritualidade é o meio de restaurar a nossa comunicação interna com o Divino. A ciência da espiritualidade coloca o 'controle remoto' de nossas mentes novamente em nossas mãos.

Existem dois tipos de educação: a educação para ganhar a vida e a educação para saber viver. Quando estudamos na faculdade para nos tornarmos médicos, engenheiros ou advogados, estamos aprendendo a ganhar a vida. Mas a educação sobre como viver requer uma compreensão dos princípios essenciais da espiritualidade. Ela se refere à conquista de um entendimento mais profundo do mundo, de nossas mentes, de nossas emoções e de nós mesmos. Todos sabem que o principal objetivo da educação não é o de treinar pessoas para que entendam somente a linguagem da tecnologia. O principal objetivo da educação deve ser o estabelecimento de *uma cultura do coração*, uma cultura baseada em valores espirituais.

Olhar a religião apenas de fora cria cada vez mais divisões. Precisamos enxergar e entender o interior, a *essência* da religião, a partir de uma perspectiva espiritual. Somente então é que o sentimento de divisão deixará de existir. Onde há divisão, não pode haver a verdadeira experiência espiritual. E onde há a verdadeira experiência espiritual, não há divisão, somente união e amor. Os líderes religiosos devem estar preparados para basear seu trabalho neste conhecimento e conscientizar seus seguidores dessas verdades.

O problema surge quando dizemos, "Nossa religião é a correta; a sua está errada!" Isto é o mesmo que dizer, "Minha mãe é boa; a sua é uma vagabunda!" O amor e a compaixão são a própria essência de todas as religiões. Então, qual é a necessidade de competição?

Discurso por Sri Mata Amritanandamayi

O amor é a nossa essência verdadeira. O amor não tem limitações como religião, raça, nacionalidade ou casta. Somos todos contas ligadas pelo fio de amor do mesmo colar. O verdadeiro objetivo da vida humana é despertar para essa unidade e espalhar aos outros o amor que é a nossa natureza.

De fato, o amor é a única religião que poderá ajudar a humanidade a se erguer a grandiosas e gloriosas alturas. O amor deve ser o fio único que une todas as religiões e filosofias. A beleza da sociedade reside na união dos corações.

Existe tanta diversidade no *Sanatana Dharma*, a antiga tradição espiritual da Índia. Cada pessoa é única e tem uma constituição mental diferente. Os sábios da antigüidade nos ofereceram uma variedade de caminhos, para que cada indivíduo pudesse escolher o mais adequado para si. Nem todas as fechaduras podem ser abertas com a mesma chave, nem todos gostam da mesma comida ou roupa. Essa diversidade também é válida para a espiritualidade. O mesmo caminho não é adequado para todas as pessoas.

Que a Paz e a Felicidade Prevaleçam

Encontros e conferências como esta precisam dar maior ênfase à espiritualidade, à essência interna da religião. Essa é a única forma de conseguir paz e união. Esta conferência não deve ser apenas um encontro de corpos. Em uma ocasião como esta, um verdadeiro encontro deve acontecer, um encontro em que enxergamos e entendemos o coração dos outros.

A comunicação através das máquinas faz com que as pessoas em pontos distantes pareçam muito próximas. Mas, devido à falta de comunicação entre nossos corações, mesmo aqueles que estão fisicamente próximos podem parecer muito distantes.

Por isso, esta não deveria ser uma conferência comum, onde todos falam, ninguém ouve, e todo mundo discorda! Escutar um ao outro é muito importante. Podemos ver e ouvir muitas coisas no mundo, mas não devemos nos meter nos assuntos dos outros, pois isso pode ter conseqüências graves. Amma se lembra de uma história:

Um homem passava por um hospício, quando ouviu uma voz murmurando, "13, 13, 13..."

Ele se aproximou para identificar de onde vinha aquele som e viu um buraco na parede. Ele se deu conta que a voz vinha do outro lado da parede. Por curiosidade, aproximou o ouvido do buraco, na esperança de distinguir melhor o que era dito. De repente, algo mordeu fortemente sua orelha! Enquanto gritava de dor, a voz murmurava: "14, 14, 14..."!

Devemos usar nosso poder de discernimento para saber para onde voltar nossa atenção.

Os verdadeiros líderes religiosos amam ou mesmo veneram toda a criação, vendo tudo como a consciência de Deus. Eles vêem a unidade subjacente a toda diversidade. Contudo, hoje em dia, muitos líderes religiosos interpretam mal as palavras e as experiências dos antigos profetas e sábios e exploram as pessoas de mente fraca. A religião e a espiritualidade são as chaves com as quais podemos abrir nossos corações e olhar para todos com compaixão. Mas nossas mentes, cegas pelo egoísmo, perderam o juízo; nossa visão se distorceu, e essa atitude só serve para criar maior escuridão. Usando a própria chave que foi feita para abrir nossos corações, nossas mentes confusas acabam trancando-os.

Há uma história de quatro homens estavam a caminho de uma conferência religiosa e tiveram que passar uma noite sozinhos em uma ilha. Era uma noite muito fria. Cada viajante carregava uma caixa de fósforos e um pacote de lenha em sua bagagem e pensava ser o único a possuir essas coisas.

Um deles pensou: "Com aquele medalhão no pescoço, aquele ali deve pertencer a outra religião. Se eu acender o fogo, ele também vai se aquecer. Por que gastar minha lenha preciosa com ele?"

O segundo homem pensou: "Aquela pessoa é de um país que sempre lutou contra o meu. Eu nem sonharia em usar minha lenha para tornar as coisas mais confortáveis para esse homem!"

O terceiro indivíduo olhou para um outro e pensou: "Eu conheço aquele sujeito. Ele pertence a uma seita que sempre causa problemas para minha religião. Não vou gastar minha lenha com ele!"

O quarto homem pensou: "Aquele ali tem uma cor de pele diferente da minha! Eu odeio isso! Não vou desperdiçar minha lenha com ele!"

Por fim, nenhum deles quis acender a fogueira e aquecer os outros, e assim, pela manhã, todos tinham morrido de frio. Da mesma forma abrigamos animosidades contra as pessoas em nome de religião, nacionalidade, cor e casta, sem mostrar nenhuma compaixão para com nossos irmãos.

A sociedade moderna é como uma pessoa febril. Conforme sua temperatura sobe, ela diz palavras sem sentido. Apontando para uma cadeira, talvez diga: "A cadeira está falando comigo. Olha, está voando!" Como responder? Como provar que a cadeira não está voando? Existe apenas uma forma de ajudá-la: temos que dar-lhe um remédio para baixar a febre. Quando a temperatura baixar, tudo voltará ao normal. Hoje em dia, as pessoas estão sofrendo da febre do egoísmo, da cobiça, dos desejos descontrolados, etc.

A religião e a espiritualidade formam o caminho que ajuda a transformar a raiva que está dentro de nós em compaixão, o ódio em amor, pensamentos lascivos em pensamentos divinos e a inveja em simpatia. Mas em nosso presente estado mental iludido, a maioria de nós não entende isso.

A sociedade é composta de indivíduos. É o conflito nas mentes individuais que se manifesta exteriormente como a guerra. Quando os indivíduos mudam, a sociedade automaticamente se transforma. Da mesma forma que o ódio e a vingança existem na mente, a paz e o amor também podem existir.

Gastamos bilhões de dólares e empregamos inúmeras pessoas para travar uma guerra. Pensem na quantidade de atenção e energia usadas nesse processo! Se usássemos pelo menos uma fração desse dinheiro e esforço em prol da paz mundial, poderíamos definitivamente trazer paz e amor ao mundo.

Todos os países investem quantias enormes de dinheiro para construir sistemas de segurança. A segurança é indispensável, mas a segurança máxima ocorre quando incorporamos os princípios espirituais nas nossas vidas. Nós esquecemos disso.

Hoje, os inimigos que nos atacam, dentro e fora de nós, não podem ser dominados apenas com maior poder bélico. Já não podemos mais adiar a redescoberta e o fortalecimento de nossa mais poderosa arma, a espiritualidade, inerente a todos nós.

Há mais de um bilhão de pessoas neste mundo sofrendo com a pobreza e a fome. Na realidade, a pobreza é o nosso verdadeiro inimigo; é um dos motivos principais pelos quais as pessoas roubam, matam e se tornam terroristas. Também é o motivo pelo qual se prostituem.

A pobreza não só afeta o corpo, mas enfraquece a mente. Mentes enfraquecidas estão sujeitas a influências em nome da religião e recebem o veneno dos ideais terroristas. Sob este ponto de vista, Amma sente que 80% dos problemas sociais se resolveriam se erradicássemos a pobreza.

Em geral, a raça humana está numa jornada sem objetivo claro.

Um motorista parou em uma encruzilhada e perguntou: "O senhor poderia me dizer para onde vai esta estrada?" "Para onde quer ir?" perguntou o pedestre.

"Não sei", respondeu o motorista.

"Neste caso, obviamente não importa qual estrada você toma!"

Não devemos ser como esse motorista. Devemos ter um objetivo claro.

Amma fica alarmada ao ver a direção que o mundo está tomando. Se, no futuro, houver uma terceira guerra mundial, que não seja um conflito entre nações, mas sim uma guerra contra a pobreza!

Hoje, o mundo enfrenta dois tipos de pobreza: a pobreza causada pela falta de comida, agasalho e habitação e a pobreza resultante da falta de amor e compaixão. Esta última tem que ser considerada primeiro, porque, se tivermos amor e compaixão em nossos corações, serviremos com dedicação àqueles que sofrem com a falta de alimento, abrigo e roupa.

O que trará as mudanças sociais não será a era em que vivemos, mas nossa própria

Discurso por Sri Mata Amritanandamayi

compaixão. As religiões deveriam ser capazes de criar corações mais compassivos. Este deveria ser o objetivo principal da espiritualidade e da religião.

Para proteger este mundo, precisamos escolher um caminho no qual deixamos de lado nossos próprios desejos e diferenças. Ao perdoar e esquecer, podemos tentar dar nova vida a este mundo. É inútil desenterrar o passado e examiná-lo cuidadosamente - isso não produzirá benefício para ninguém. Temos que abandonar o caminho da vingança e da represália e avaliar a situação do mundo atual de forma imparcial. Apenas dessa forma poderemos descobrir o caminho do verdadeiro progresso.

A genuína união - entre os seres humanos e da humanidade com a natureza - só poderá nascer de nossa fé no imenso poder do Ser Interior, que ultrapassa todas as diferenças externas.

Um arco-íris, além de seu esplendor visual, tem um significado interior que ajuda a expandir a mente. O que o deixa belo e maravilhoso é a convergência de suas sete cores diferentes. Da mesma forma, devemos ser capazes de apreciar as diferenças que as religiões, nacionalidades, idiomas e culturas oferecem. Devemos dar as mãos, afirmando a importância prioritária do bem-estar da humanidade e dos valores humanos universais.

O arco-íris aparece e se dissolve no céu em questão de minutos. Entretanto, dentro desse curto espaço de tempo, ele é capaz de deixar todos felizes. Como o arco-íris, que aparece tão brevemente no céu infinito, nosso tempo de vida, um breve momento dentro do eixo infinito do tempo, é muito curto e insignificante. Enquanto vivermos neste mundo, nosso maior e primordial dever, ou *dharma*, é o de ser de alguma utilidade para os outros. Apenas quando a bondade desperta dentro do indivíduo é que as suas ações e a sua personalidade manifestam beleza e força.

Certa vez, havia uma menina presa a uma cadeira de rodas. Sua deficiência a deixava zangada e frustrada com a vida. Todos os dias, ela ficava olhando pela janela, sentindo-se deprimida, observando com inveja as outras crianças que brincavam, pulavam e corriam.

Discurso por Sri Mata Amritanandamayi

Certo dia, enquanto ali estava, começou a chuviscar e, de repente, um bonito arco-íris apareceu no céu. Naquele mesmo instante, a garotinha esqueceu sua deficiência e sua tristeza, pois o arco-íris encheu-a de felicidade e esperança. Mas, da mesma forma que surgiu, o arco-íris desapareceu quando a chuva parou. A lembrança do arco-íris deixou na menina uma estranha sensação de paz e alegria. Ela perguntou à mãe para onde ele tinha ido. "Minha querida, os arco-íris são uma criação muito especial. Eles existem apenas quando o sol e a chuva se encontram", respondeu a mãe. Desse dia em diante, a pequena menina se sentava perto da janela esperando que o sol e a chuva aparecessem juntos. Ela não mais se importava em olhar as outras crianças. Finalmente, em um dia de sol, começou a chover fininho e um arco-íris com as cores mais divinas apareceu no céu. A alegria da menininha era ilimitada. Ela chamou sua mãe e pediu para ser rapidamente levada até o arco-íris. Sem querer decepcionar a filha, a mãe colocou-a no carro e saiu na direção do arco-íris. Finalmente, quando já tinham chegado a um lugar onde podiam enxergá-lo bem, ela tirou a filha do carro para que pudesse apreciar a vista.

Olhando para cima, a criança perguntou: "Maravilhoso arco-íris, como podes brilhar de forma tão radiante?"

O arco-íris replicou: "Minha querida filha, eu tenho um tempo de vida muito curto. Existo apenas por um breve momento, quando o sol e a chuva se encontram. Em vez de lamentar minha existência, decidi que faria tudo o que pudesse para alegrar o maior número possível de pessoas. E, quando tomei esta decisão, fiquei radiante e belo."

Enquanto falava, ele já ia se sumindo, até que finalmente desapareceu. A menininha olhou com amor e admiração para o ponto no céu onde o arco-íris tinha estado. Daquele dia em diante, ela nunca mais foi a mesma. Em vez de se sentir abatida e lamentar sua condição, ela tentava sorrir e levar a felicidade para todos a sua volta. Foi dessa maneira que ela encontrou a verdadeira alegria e satisfação em sua vida.

Discurso por Sri Mata Amritanandamayi

O arco-íris era belo porque esquecia de si mesmo e se preocupava com o bem-estar dos outros. De forma semelhante, quando esquecemos de nós mesmos e vivemos pela felicidade dos outros, experimentamos a verdadeira beleza da vida.

O corpo falecerá, quer fiquemos parados ou trabalhando. Portanto, é melhor nos empenharmos ao máximo para realizar boas ações, em vez de enferrujarmos sem fazer nada pela sociedade.

No *Sanatana Dharma*, a Eterna Religião (comumente chamado de hinduísmo), existe o seguinte mantra: "*Lokah Samastah Sukhino Bhavantu*". O significado deste mantra é "*Que todos os seres em todos os mundos sejam felizes*".

De acordo com as escrituras da Índia, não existe diferença entre o Criador e a criação, da mesma forma que não existe diferença entre as ondas e o oceano. A essência do oceano e das ondas é a mesma: a água. O ouro e os ornamentos de ouro têm a mesma essência, porque são feitos da mesma substância. O barro e os potes de barro, no fundo, são a mesma coisa, porque o pote é feito de barro. Portanto, não existe diferença entre o Criador, ou Deus, e a criação - são essencialmente o mesmo: Consciência Pura. Por isso, devemos aprender a amar a todos igualmente, porque, em essência, somos um só, o *atman*. Somos todos uma alma ou o Eu Superior. Embora por fora as coisas pareçam diferentes, internamente são manifestações do Eu Superior Absoluto.

Deus não é um indivíduo limitado que se senta sozinho, alto nas nuvens, em um trono dourado. Deus é a Consciência Pura que está em tudo. Precisamos entender essa verdade e conseqüentemente aceitar e amar a todos igualmente.

Assim como o Sol não precisa da luz de uma vela, Deus não precisa de nada de nós. Deus é o Doador de tudo. Devemos conviver com aqueles que sofrem e servi-los.

Existem milhões de refugiados e indigentes no mundo. Os governos estão tentando ajudar essas pessoas de várias maneiras, mas o mundo precisa de muito mais pessoas dispostas a trabalhar dentro do espírito de altruísmo.

Nas mãos de pessoas egoístas, fundos de um milhão de dólares acabam rendendo apenas 100.000 dólares quando chegam às mãos das pessoas que deveriam ajudar. É como despejar óleo de um vasilhame a outro e deste a outro e assim por diante. Depois de fazer isso algumas vezes, o óleo acaba, porque cada vasilhame guarda um pouco do óleo. No entanto, isso é bem diferente no caso das pessoas dedicadas ao trabalho altruísta. Essas pessoas podem receber centenas de milhares de dólares, que vão entregar o equivalente a milhões quando os repassarem às mãos de quem precisa. Isto por que seus motivos são altruístas e elas se propõem somente a beneficiar a sociedade. Em vez de visar recompensas e salários, preferem dar tudo que podem àqueles que estão sofrendo.

Se tivermos pelo menos um pouco de compaixão em nossos corações, devemos nos comprometer a trabalhar meia hora a mais por dia pelo bem dos que sofrem. Este é o pedido da Amma. Amma acredita que, desta forma, será manifestada uma solução para todo o sofrimento e pobreza do mundo.

O mundo de hoje precisa de pessoas que demostrem o bem em suas palavras e ações. Se estes nobres modelos de conduta puderem servir de exemplo para as pessoas a sua volta, a escuridão que hoje impera na sociedade será dispersada, e a luz da paz e da não-violência voltará a iluminar a terra. Que possamos trabalhar juntos por este objetivo.

*Que a árvore de nossas vidas tenha
raízes firmes no solo do amor.
Que boas ações sejam as folhas desta árvore.
Que palavras de bondade formem suas flores.
E que a paz seja seus frutos.*

Vamos crescer e desabrochar como uma família, unidos pelo amor, para que possamos alegrar--nos e celebrar nossa unidade em um mundo onde a paz e a felicidade prevaleçam.

Ao concluir, Amma gostaria de acrescentar que, em verdade, nada é o fim. Assim como no ponto final de uma frase, existe apenas uma pequena pausa. Uma pausa antes de um novo começo, no caminho para a paz. Que a Graça Divina nos abençoe, dando força a todos para propagar esta mensagem.

Aum Shanti Shanti Shanti.

www.ingramcontent.com/pod-product-compliance
Lightning Source LLC
Chambersburg PA
CBHW060804070426
42449CB00046B/3160